In Loving Memory

ISBN: 9781912641543

A Celebration of the Life of

....

Born On

....

Passed Away On

....

Those we love don't go away,

They walk beside us

every day.

Unseen, Unheard,

But always near.

Still loved, still missed,

and very dear.

Name, Address, Thoughts & Memories

....

....

....

....

....

....

....

....

....

Name, Address, Thoughts
& Memories

....

....

....

....

....

....

....

....

....

Name, Address, Thoughts & Memories

....

....

....

....

....

....

....

....

Name, Address, Thoughts

& Memories

....

....

....

....

....

....

....

....

....

Name, Address, Thoughts & Memories

....

....

....

....

....

....

....

....

....

Name, Address, Thoughts & Memories

....

....

....

....

....

....

....

....

....

Name, Address, Thoughts & Memories

....

....

....

....

....

....

....

....

....

Name, Address, Thoughts & Memories

....

....

....

....

....

....

....

....

....

Name, Address, Thoughts & Memories

....

....

....

....

....

....

....

....

....

Name, Address, Thoughts & Memories

....

....

....

....

....

....

....

....

Name, Address, Thoughts

& Memories

....

....

....

....

....

....

....

....

....

Name, Address, Thoughts & Memories

....

....

....

....

....

....

....

....

....

Name, Address, Thoughts & Memories

....

....

....

....

....

....

....

....

....

Name, Address, Thoughts & Memories

....

....

....

....

....

....

....

....

....

Name, Address, Thoughts

& Memories

....

....

....

....

....

....

....

....

....

Name, Address, Thoughts & Memories

....

....

....

....

....

....

....

....

Name, Address, Thoughts & Memories

....

....

....

....

....

....

....

....

....

Name, Address, Thoughts & Memories

....

....

....

....

....

....

....

....

....

Name, Address, Thoughts & Memories

....

....

....

....

....

....

....

....

....

Name, Address, Thoughts
& Memories

....

....

....

....

....

....

....

....

....

....

Name, Address, Thoughts & Memories

....

....

....

....

....

....

....

....

....

Name, Address, Thoughts & Memories

....

....

....

....

....

....

....

....

....

Name, Address, Thoughts & Memories

....

....

....

....

....

....

....

....

....

Name, Address, Thoughts & Memories

....

....

....

....

....

....

....

....

....

Name, Address, Thoughts & Memories

....

....

....

....

....

....

....

....

....

Name, Address, Thoughts & Memories

....

....

....

....

....

....

....

....

....

Name, Address, Thoughts & Memories

....

....

....

....

....

....

....

....

....

Name, Address, Thoughts & Memories

....

....

....

....

....

....

....

....

....

Name, Address, Thoughts & Memories

....

....

....

....

....

....

....

....

....

Name, Address, Thoughts & Memories

....

....

....

....

....

....

....

....

Name, Address, Thoughts & Memories

....

....

....

....

....

....

....

....

Name, Address, Thoughts & Memories

··

··

··

··

··

··

··

··

··

Name, Address, Thoughts & Memories

....

....

....

....

....

....

....

....

....

Name, Address, Thoughts
& Memories

....

....

....

....

....

....

....

....

....

Name, Address, Thoughts & Memories

....

....

....

....

....

....

....

....

Name, Address, Thoughts & Memories

....

....

....

....

....

....

....

....

....

Name, Address, Thoughts & Memories

....

....

....

....

....

....

....

....

....

Name, Address, Thoughts & Memories

....

....

....

....

....

....

....

....

....

Name, Address, Thoughts & Memories

....

....

....

....

....

....

....

....

....

Name, Address, Thoughts & Memories

....

....

....

....

....

....

....

....

....

Name, Address, Thoughts & Memories

....

....

....

....

....

....

....

....

....

Name, Address, Thoughts & Memories

....

....

....

....

....

....

....

....

....

Name, Address, Thoughts & Memories

....

....

....

....

....

....

....

....

....

Name, Address, Thoughts & Memories

....

....

....

....

....

....

....

....

....

Name, Address, Thoughts

& Memories

....

....

....

....

....

....

....

....

....

Name, Address, Thoughts & Memories

....

....

....

....

....

....

....

....

....

Name, Address, Thoughts & Memories

....

....

....

....

....

....

....

....

....

Name, Address, Thoughts & Memories

....

....

....

....

....

....

....

....

Name, Address, Thoughts & Memories

....

....

....

....

....

....

....

....

....

Name, Address, Thoughts & Memories

....

....

....

....

....

....

....

....

....

Name, Address, Thoughts & Memories

....

....

....

....

....

....

....

....

....

Name, Address, Thoughts & Memories

....

....

....

....

....

....

....

....

....

Name, Address, Thoughts & Memories

....

....

....

....

....

....

....

....

....

Name, Address, Thoughts & Memories

....

....

....

....

....

....

....

....

Name, Address, Thoughts & Memories

....

....

....

....

....

....

....

....

....

Name, Address, Thoughts & Memories

....

....

....

....

....

....

....

....

....

Name, Address, Thoughts & Memories

....

....

....

....

....

....

....

....

....

Name, Address, Thoughts & Memories

....

....

....

....

....

....

....

....

....

Name, Address, Thoughts & Memories

....

....

....

....

....

....

....

....

....

....

Name, Address, Thoughts

& Memories

....

....

....

....

....

....

....

....

....

Name, Address, Thoughts

& Memories

....

....

....

....

....

....

....

....

....

....

Name, Address, Thoughts & Memories

....

....

....

....

....

....

....

....

....

Name, Address, Thoughts & Memories

....

....

....

....

....

....

....

....

....

Name, Address, Thoughts & Memories

....

....

....

....

....

....

....

....

....

Name, Address, Thoughts & Memories

....

....

....

....

....

....

....

....

....

Name, Address, Thoughts

& Memories

....

....

....

....

....

....

....

....

....

Name, Address, Thoughts & Memories

....

....

....

....

....

....

....

....

....

Name, Address, Thoughts

& Memories

....

....

....

....

....

....

....

....

....

Name, Address, Thoughts & Memories

....

....

....

....

....

....

....

....

....

Name, Address, Thoughts
& Memories

....

....

....

....

....

....

....

....

....

Name, Address, Thoughts

& Memories

....

....

....

....

....

....

....

....

Name, Address, Thoughts

& Memories

....

....

....

....

....

....

....

....

....

Name, Address, Thoughts & Memories

....

....

....

....

....

....

....

....

....

Name, Address, Thoughts
& Memories

....

....

....

....

....

....

....

....

....

Name, Address, Thoughts & Memories

....

....

....

....

....

....

....

....

....

Name, Address, Thoughts & Memories

....

....

....

....

....

....

....

....

....

Name, Address, Thoughts & Memories

....

....

....

....

....

....

....

....

....

Name, Address, Thoughts & Memories

....

....

....

....

....

....

....

....

....

Name, Address, Thoughts

& Memories

....

....

....

....

....

....

....

....

....

Name, Address, Thoughts & Memories

....

....

....

....

....

....

....

....

Name, Address, Thoughts

& Memories

....

....

....

....

....

....

....

....

....

Name, Address, Thoughts & Memories

....

....

....

....

....

....

....

....

....

Name, Address, Thoughts & Memories

....

....

....

....

....

....

....

....

....

Name, Address, Thoughts & Memories

....

....

....

....

....

....

....

....

....

Name, Address, Thoughts & Memories

....

....

....

....

....

....

....

....

....

Name, Address, Thoughts & Memories

....

....

....

....

....

....

....

....

....

Name, Address, Thoughts & Memories

....

....

....

....

....

....

....

....

....

Name, Address, Thoughts & Memories

....

....

....

....

....

....

....

....

....

Name, Address, Thoughts & Memories

....

....

....

....

....

....

....

....

....

Name, Address, Thoughts & Memories

....

....

....

....

....

....

....

....

Name, Address, Thoughts & Memories

....

....

....

....

....

....

....

....

....

Name, Address, Thoughts & Memories

....

....

....

....

....

....

....

....

....

Name, Address, Thoughts & Memories

....

....

....

....

....

....

....

....

....

Name, Address, Thoughts & Memories

....

....

....

....

....

....

....

....

....

CPSIA information can be obtained
at www.ICGtesting.com
Printed in the USA
LVHW061733160722
723677LV00005B/45